MON JOLI ALPHABET

SOCIÉTÉ DES LIVRES RELIGIEUX
DE TOULOUSE
7, Rue Romiguières

Lith.CASSAN.Toulouse

MON JOLI ALPHABET

TOULOUSE,

SOCIÉTÉ DES LIVRES RELIGIEUX,

DÉPÔT : RUE ROMIGUIÈRES, 8.

—

1867

PUBLIÉ PAR LA SOCIÉTÉ DES LIVRES RELIGIEUX
DE TOULOUSE.

C.

TOULOUSE, IMPRIMERIE DE A. CHAUVIN, RUE MIREPOIX, 3.

MON JOLI ALPHABET.

---

a   b   c   d   e   f

g   h   i   j   k   l

m   n   o   p   q   r

s   t   u   v   w   x

y   z

VOYELLES.

a   e   i   o   u   y

CONSONNES.

b   c   d   f   g   h   j   k   l   m   n   p

q   r   s   t   v   w   x   z

A a

AI-GLE. L'ai-gle est un gros oi-seau de proie qui bâ-tit son nid sur le haut des ro-chers.

B b

BOU-QUET. Quel plai-sir d'of-frir à sa ma-man un bou-quet de jo-lies fleurs !

C c

CHAT. N'a-t-il pas l'air bien sa-ge, ce beau chat, as-sis sur son ta-pis rou-ge ?

CAPITALES.

A B C D E F

G H I J K L

M N O P Q R

S T U V W X

Y Z

LETTRES MÊLÉES.

l i f t j n k h

r o m x a v p y

u g c e b q d z

s w l h n i r f

D d

Daim. Le daim est u-ne es-pè-ce de cerf. Il court très-vi-te ; il court plus vi-te que le che-val.

E e

E-pa-gneul. L'é-pa-gneul est un chien au poil long et soy-eux.

F f

Four-mi. Pe-tit pa-res-seux, re-gar-de la four-mi ! Vois com-me el-le tra-vail-le, et i-mi-te-la.

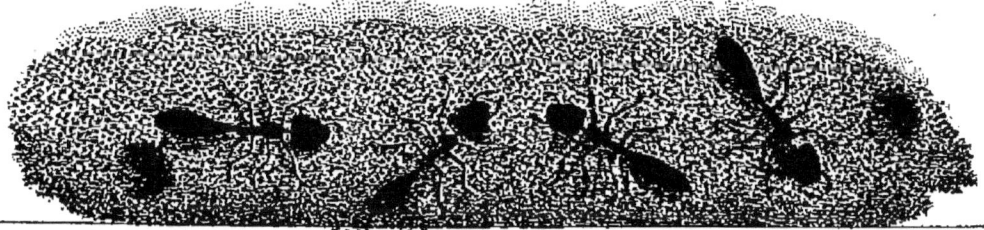

SYLLABES DE DEUX LETTRES.

UNE CONSONNE ET UNE VOYELLE.

ba	be	bi	bo	bu	by
da	de	di	do	du	dy
fa	fe	fi	fo	fu	fy
ha	he	hi	ho	hu	hy
ja	je	ji	jo	ju	jy
ka	ke	ki	ko	ku	ky
la	le	li	lo	lu	ly
ma	me	mi	mo	mu	my
na	ne	ni	no	nu	ny
pa	pe	pi	po	pu	py
ra	re	ri	ro	ru	ry
sa	se	si	so	su	sy
ta	te	ti	to	tu	ty
va	ve	vi	vo	vu	vy
za	ze	zi	zo	zu	zy

Le **c** et le **g** se prononcent de deux manières différentes :

	ca	ce	ci	co	cu	cy
Prononcez :	ka	se	si	ko	ku	sy

Avec la *cédille* : (ჳ) : ça ço çu
Prononcez : sa so su

	ga	ge	gi	go	gu	gy
Prononcez :	ga	je	ji	go	gu	jy

G g

GRO-SEIL-LE. La gro-seil-le est un pe-tit fruit rou-ge qui mû-rit au mois de juin.

H h

HI-BOU. Qu'il est laid, ce hi-bou! C'est un oi-seau qui ne sort que la nuit.

I i

I-DO-LE. N'est-il pas bien tris-te de pen-ser qu'il y a des pays où l'on a-do-re des i-do-les com-me cel-le-ci?

SYLLABES DE DEUX LETTRES.

UNE VOYELLE ET UNE CONSONNE.

ab	eb	ib	ob	ub
ac	ec	ic	oc	uc
ad	ed	id	od	ud
af	ef	if	of	uf
ag	eg	ig	og	ug
al	el	il	ol	ul
am	em	im	om	um
an	en	in	on	un
ap	ep	ip	op	up
ar	er	ir	or	ur
as	es	is	os	us
at	et	it	ot	ut
av	ev	iv	ov	uv
ax	ex	ix	ox	ux
az	ez	iz	oz	uz

Il y a trois sortes d'E :

Muet : e   Fermé : é   Ouvert : è

be	bé	bè
se	sé	sè
te	té	tè

Il y a trois sortes d'accents :

Aigu : (')   Grave : (`)   Circonfl. : (^)

dé	dà	dû
lé	lè	lâ
ré	rè	rô

J j

K k

L l

JA-GUAR. C'est un a-ni-mal du gen-re des chats, mais beau-coup plus gros. Il est très-fé-ro-ce.

KIOS-QUE. Qu'il est a-gré-a-ble, quand il fait chaud, de se re-po-ser dans un jo-li kios-que !

Voy-ez ce LOUP ! Com-me il a l'air mé-chant ! Pe-tits a-gneaux, res-tez dans le ber-cail, au-près de vos ma-mans, les bre-bis, sans ce-la, le loup vous man-ge-rait.

SYLLABES COMPOSÉES DE DEUX CONSONNES
ET D'UNE VOYELLE.

bla	ble	blé	bli	blo	blu
bra	bre	bré	bri	bro	bru
cha	che	ché	chi	cho	chu
cla	cle	clé	cli	clo	clu
cra	cre	cré	cri	cro	cru
dra	dre	dré	dri	dro	dru
fla	fle	flé	fli	flo	flu
fra	fre	fré	fri	fro	fru
gla	gle	glé	gli	glo	glu
gna	gne	gné	gni	gno	gnu
gra	gre	gré	gri	gro	gru
pla	ple	plé	pli	plo	plu
pra	pre	pré	pri	pro	pru
psa	pse	psé	psy	pso	psu
spa	spe	spé	spi	spo	spu
sta	ste	sté	sti	sto	stu
tha	the	thé	thi	tho	thu
tra	tre	tré	tri	tro	tru

SYLLABES DIFFICILES A PRONONCER.

	chra	chre	chri	chro	chru
Prononcez :	cra	cre	cri	cro	cru
	gea	geai		geo	geu
Prononcez :	ja	jé		jo	jeu
	pha	phe	phi	pho	phu
Prononcez :	fa	fe	fi	fo	fu
	qua	que	qui	quo	
Prononcez :	ka *ou* coua	ke *ou* cué	ki *ou* cui	ko	

M m

MOU-TON. Le mou-ton est très-u-ti-le à l'hom-me. Sa lai-ne sert à fai-re des ha-bits.

N n

NID. Quel joli nid d'oi-seau ! Il y a qua-tre pe-tits œufs de-dans. Re-gar-dons-les, mais n'y tou-chons pas !

O o

O-RAN-GE. La bel-le o-ran-ge ! Les o-ran-ges ne mû-ris-sent que dans les pays chauds.

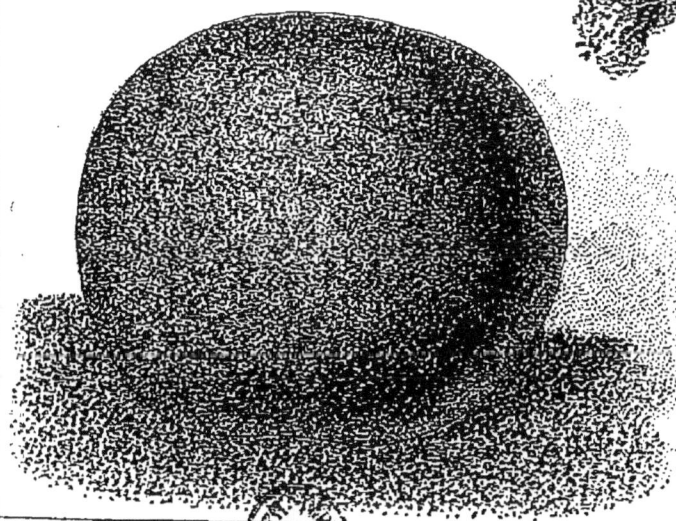

MOTS D'UNE SYLLABE ET DE TROIS LETTRES.

LEÇON SUR LES CONSONNES.

Arc	Dur	Mal	Rôt
Art	Est	Mer	Sac
Bac	Fat	Mot	Sel
Bec	Fer	Mur	Six
Blé	Fil	Net	Sot
Bol	Fin	Nez	Sûr
Bon	Gaz	Nid	Thé
But	Gel	Nom	Tic
Cap	Glu	Pic	Tir
Cep	Gré	Pli	Ton
Coq	Jet	Pot	Val
Cor	Jus	Pré	Ver
Cri	Lac	Pur	Vif
Dix	Lin	Rat	Vil
Dos	Lis	Riz	Vin
Duc	Lit	Roc	Vol

P p

Q q

R r

PER-RO-QUET. Le per-ro-quet ba-bil-le sans sa-voir ce qu'il dit. Pe-tit en-fant, prends gar-de de ne pas fai-rc com-me lui.

QUIL-LES. Quand tu sau-ras bien li-re , peut-ê-tre que ma-man t'a-chè-te-ra un jeu de quil-les.

RO-SE. Ah! que la ro-se est bel-le et qu'el-le sent bon ! On l'ap-pel-le la rei-ne des fleurs.

SYLLABES COMPOSÉES DE DEUX OU DE TROIS VOYELLES.

ai	au	ei	eu	eau
ia	ie	ié	io	ieu
oi	œu	ou	ue	ui

MOTS D'UNE SYLLABE ET DE TROIS LETTRES.

LEÇON SUR LES VOYELLES.

Ail	Fou	Lui	Peu
Air	Gai	Mai	Pie
Bai	Gué	Mie	Roi
Cou	Gui	Moi	Rue
Eau	Jeu	Nue	Soi
Feu	Lié	Oui	Toi
Foi	Loi	Oie	Vue

LEÇON SUR LES SYLLABES **IEU** ET **OEU**.

IEU
Dieu	Lieu	Pieu
Cieux	Mieux	Vieux

OEU
OEuf	Bœuf	Cœur
Sœur	Nœud	Vœu

S s

T t

U u

V v

Sou-ris. Jou-ez, jou-ez, pe-ti-tes sou-ris, tant que mi-net n'est pas là ! Mais quand il vien-dra, ga-re à vous !...

Tou-pie. Ah! voi-ci u-ne tou-pie comme cel-le de mon frè-re Hen-ri.

Ur-ne. Ne tou-chez pas à l'ur-ne à thé. Vous brû-le-riez vos pe-tits doigts, car el-le est plei-ne d'eau bouil-lan-te.

Vio-lon. C'est un ins-tru-ment de mu-si-que qui rend des sons très-doux.

MOTS D'UNE SYLLABE ET DE QUATRE LETTRES.

Banc	Gant	Lynx	Rien
Beau	Geai	Main	Rond
Bleu	Gril	Mars	Roue
Bouc	Gros	Miel	Sang
Bras	Grue	Musc	Sept
Cerf	Haut	Nerf	Soir
Chat	Hier	Noix	Suif
Chou	Houx	Nord	Thym
Ciel	Huit	Nuit	Tien
Daim	Jonc	OEil	Toux
Dard	Joie	Ours	Trop
Dent	Jour	Pain	Veau
Doux	Juin	Paon	Vent
Faon	Lait	Plat	Vert
Fils	Lard	Prix	Yeux
Foin	Loup	Quoi	Zinc

W w

X x

Y y

Z z

WA-GON. Vi-te, vi-te, en wa-gon! Le train va par-tir.

YO-LE. Pe-tit ba-teau, où vas-tu, a-vec tes deux ra-meurs pour te con-dui-re?

ZÈ-BRE. Quel jo-li a-ni-mal que le zè-bre! Il res-sem-ble un peu à l'â-ne, mais il a de bel-les raies blan-ches et noi-res sur le dos.

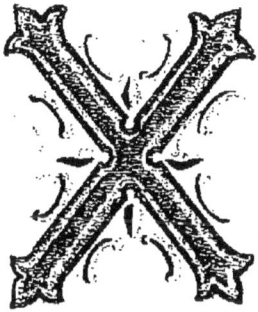

MOTS TRÈS-FACILES DE DEUX SYLLABES.

A-gé	E-té	Li-on	Ru-sé
A-mi	Fê-lé	Lo-to	Sa-lé
Bâ-ti	Fi-ni	Ma-ri	So-fa
Bé-ni	Ge-lé	Mu-et	Tê-tu
Ca-fé	Ho-là	No-ël	U-ni
Cô-té	I-ci	O-sé	U-sé
Dé-fi	I-ris	Pa-pa	Vê-tu
Do-ré	Je-té	Po-li	Vo-lé
E-pi	Jo-li	Rô-ti	Zé-ro

MOTS TRÈS-FACILES DE DEUX SYLLABES

TERMINÉS PAR UN E MUET.

A-ge	Fê-te	Mè-re	Sa-le
Bê-te	Ga-ze	Na-ge	Tê-te
Ca-ge	I-le	Or-ge	U-ne
Da-me	Ju-ge	Pè-re	Vi-ce
El-le	Lu-ne	Ro-se	Zè-le

MOTS DE DEUX SYLLABES.

A-dieu	Cor-beau	Fro-ment	In-dex
A-droit	Cru-el	Fu-ret	In-grat
A-gneau	Dan-ger	Fu-sil	In-struit
Ar-gent	Des-sert	Gâ-teau	Jam-bon
Au-tour	Din-don	Gen-til	Jar-din
A-zur	Dou-leur	Gi-got	JÉ-sus
Bai-ser	Dra-gon	Gour-mand	Jeu-di
Bon-té	Du-vet	Gre-lot	Jou-jou
Ber-ceau	E-clair	Gril-lon	Ju-pon
Bi-jou	Ef-froi	Ha-bit	Ki-lo
Bon-heur	En-fant	Ha-reng	La-pin
Bre-bis	Es-prit	Heu-reux	Le-çon
Ca-nard	E-tui	Hi-bou	Lé-zard
Car-ton	Fau-con	Hi-ver	Li-queur
Che-val	Fes-tin	Hô-tel	Lun-di
Chré-tien	Fo-rêt	Hus-sard	Lu-tin

MOTS DE DEUX SYLLABES.

Mai-son	Oi-seau	Ri-eur	Tu-yau
Ma-man	Or-meau	Ru-ban	Ur-bain
Men-teur	Our-let	Ruis-seau	Ur-gent
Mé-tal	Pa-lais	Sa-von	Vais-seau
Moi-neau	Pa-pier	Sei-gneur	Vau-tour
Mou-ton	Pe-tit	Ser-pent	Ve-lours
Mu-let	Plai-sir	Sif-flet	Vieil-lard
Na-geur	Pou-let	So-leil	Vi-lain
Nei-geux	Prin-temps	Sol-dat	Vol-can
Ne-veu	Quar-tier	Sou-ris	Vrai-ment
Ni-gaud	Ques-tion	Ta-bac	Wa-gon
Nou-veau	Quin-quet	Tail-leur	Xé-rès
Noy-au	Quin-tal	Tau-reau	Zé-lé
Obs-cur	Rai-sin	Tam-bour	Zé-nith
O-deur	Ra-meau	Til-leul	Zé-phyr
Œil-let	Re-nard	Trou-peau	Zig-zag

MOTS DE DEUX SYLLABES

TERMINÉS PAR UN E MUET.

Ai-gle	Fil-le	Lou-ve	Ru-che
An-ge	Fran-ce	Maî-tre	Sa-bre
Ar-bre	Frè-re	Mer-le	Sin-ge
Ar-che	Gla-ce	Mou-che	Stè-re
Bi-ble	Grê-le	Nat-te	Su-cre
Boî-te	Guer-re	Nei-ge	Tan-te
Bou-che	Hom-me	Nu-que	Ter-re
Bran-che	Her-be	Om-bre	Ti-gre
Chè-vre	Heu-re	On-cle	Ur-ne
Cham-bre	Isth-me	Pê-che	Va-che
Crè-che	Jat-te	Pou-le	Ves-te
Din-de	Jeu-ne	Pru-ne	Vieil-le
Dou-ze	Jus-te	Quil-le	Vi-gne
Drô-le	Lan-gue	Rei-ne	Yo-le
Fem-me	Li-vre	Rou-ge	Zè-bre

MOTS DE TROIS SYLLABES.

Ai-ma-ble	Her-mi-ne	O-ran-ge
A-ni-mal	Hé-ris-son	Ou-ra-gan
Ba-lei-ne	I-ma-ge	Pa-res-se
Bou-lan-ger	I-gno-rant	Per-ro-quet
Ci-go-gne	Jeu-nes-se	Qua-ran-te
Cho-co-lat	Jar-di-nier	Quan-ti-té
Dis-pu-te	Kan-gou-rou	Ra-ma-ge
Dé-jeu-ner	Li-on-ne	Ros-si-gnol
E-toi-le	Lé-o-pard	Sa-ges-se
E-lé-phant	Men-son-ge	Sa-me-di
Fau-vet-te	Mo-des-te	Trom-pet-te
For-ge-ron	Mal-heu-reux	Tour-ne-sol
Ga-zel-le	Noi-set-te	Va-can-ce
Go-be-let	Nour-ris-son	Vé-ri-té

MOTS DE QUATRE SYLLABES.

A-bon-dan-ce	Fri-an-di-se	Ré-com-pen-se
A-do-ra-ble	Hu-mi-li-té	Re-con-nais-sant
Co-que-li-cot	O-bé-is-sant	Ti-mi-di-té
Dé-bon-nai-re	Mé-chan-ce-té	Vo-lon-tai-re
E-van-gi-le	Pro-me-na-de	Vé-ri-ta-ble

PETITES LEÇONS COMPOSÉES DE MOTS

D'UNE SYLLABE.

Dieu est grand.   Il voit tout.
Dieu est bon.   Il sait tout.
Dieu est saint.   Il est en tout lieu.

Le temps est beau.   Le ciel est bleu.
L'air est pur.   Les prés sont verts.
Le vent est frais.   La fleur sent bon.

Mon chat est gris.   Le coq est fier.
Ton chien est noir.   Le loup fait peur.
Le veau est roux.   Le rat est pris.

Le miel est très-doux.   La pie a un gros bec.
Il fait bien chaud.   Je veux du pain et des noix.
J'ai bu de l'eau.   Le chien a fait peur au chat.

L'œuf est dans le nid. — Le pain est fait de blé. — Le blé croît dans les champs. — Le lait est blanc et doux. — Le riz au lait est très-bon. — Le foin est pour le bœuf.

Marc vient de la cour; il a froid aux pieds. — Paul a mal au bras; il va aux bains de mer. — Jean boit tous les jours un bol de lait chaud.

Il est tard ; je vais dans mon bon lit, où je dors si bien. Je n'ai pas peur, car je sais que le grand Dieu, qui est au ciel, prend soin de moi la nuit et le jour.

Le fer est plus lourd que l'or, mais l'or vaut plus que le fer. — Vois-tu ce champ de lin ? La fleur du lin est d'un beau bleu. Tes bas sont faits de fil de lin.

Frank ne va pas dans le pré ; il dit qu'il a peur du loup. Frank est un sot. Il n'y a pas de loups dans les prés ; il n'y en a que dans de grands bois, très-loin de nous ; et puis, le loup ne sort que la nuit.

Le paon est très-beau, mais son cri est très-laid. — J'ai vu un geai dans la haie, et ma sœur a vu des oies au bord de l'eau. — Les chats ont des yeux ronds et verts. — L'ours blanc ne vit que dans les pays froids.

PETITES LEÇONS COMPOSÉES DE MOTS

D'UNE OU DE DEUX SYLLABES.

J'ai un bon gâ-teau. — Tu as un cha-peau neuf. — Mon frè-re a un jo-li li-vre. — Paul a u-ne bel-le toupie. — Mon cou-sin est plus grand que moi. — — La neige est blan-che. — Je vais jou-er au jar-din. — Mon oi-seau chan-te bien.

— Mon en-fant, sais-tu où est Dieu ? — Il est dans le ciel. — Oui, mais il est aus-si près de toi. Il te voit quand tu es sa-ge. Il te voit quand tu es mé-chant. Il lit tou-jours dans ton pe-tit cœur.

Dieu a cré-é le ciel, la ter-re, la mer, le so-leil et la lu-ne. Il a fait les bel-les fleurs et les fruits que j'ai-me tant. C'est lui qui m'a don-né mon cher pa-pa et ma chè-re ma-man. Oh! que Dieu est grand et bon !

Dieu est a-mour. — Je suis pé-cheur. — Jé-sus est le Sau-veur. — Il est mort pour nous sur la croix. — Il bé-nit les pe-tits en-fants qui vont à lui. — Je veux le pri-er de me ren-dre sa-ge et sou-mis à mes pa-rents.

La ma-man du pe-tit Gas-ton a don-né à son fils un beau tam-bour, par-ce qu'il a é-té sa-ge et qu'il a bien lu sa le-çon. On ai-me tou-jours à fai-re plai-sir aux en-fants sa-ges et stu-dieux.

Pour-quoi faut-il être sa-ge? — Pour fai-re plai-sir à ma-man. — Oui. — Pour fai-re plai-sir à pa-pa. — Oui. — Pour fai-re plai-sir à ses pa-rents, à ses maî-tres, à ses a-mis. — Oui ; mais il faut ê-tre sa-ge, a-vant tout, pour plai-re à Dieu.

— Ma-man, veux-tu me don-ner un bon-bon?

— Oui, mon fils; je te per-mets d'en pren-dre dix,
si tu peux les comp-ter.

1	UN.	6	SIX.
2	DEUX.	7	SEPT.
3	TROIS.	8	HUIT.
4	QUA-TRE.	9	NEUF.
5	CINQ.	10	DIX.

— Très-bien, mon a-mi. A pré-sent tu peux al-ler
jou-er au jar-din jus-qu'à trois heu-res.

L'à-ne est pa-tient et por-te de lourds far-deaux.

Le chien gar-de le trou-peau du ber-ger.

Le chat dé-truit les sou-ris.

La va-che et la chè-vre nous don-nent leur lait.

Le mou-ton nous four-nit de la lai-ne pour fai-re des ha-bits. — La ves-te d'Al-bert et la ro-be de sa ma-man sont fai-tes a-vec de la lai-ne.

— Ma-man, il est sept heu-res, j'ai som-meil ; je vou-drais sou-per.

— Oui, mon fils : voi-ci ton pain et ton lait.

— Le pain est ten-dre et le lait est doux. Mer-ci, mon Dieu, du bon sou-per que tu me don-nes !

Sur moi le Sei-gneur veil-le,
Aus-si je n'ai point peur ;
Dans ses bras je som-meil-le :
Il est mon pro-tec-teur.
Je sais que sous sa gar-de
Je suis en sû-re-té;
Je sais qu'il me re-gar-de
Tou-jours a-vec bon-té.

Mon en-fant, ne te mo-que ja-mais de ceux qui souf-frent. Le Sei-gneur ai-me le pau-vre et le mal-heu-reux; tu dois les ai-mer aus-si et cher-cher à leur fai-re du bien.

La Fran-ce est un grand et beau pays. Nous de-vons l'ai-mer, par-ce que Dieu nous y a fait naî-tre. Nous de-vons aus-si pri-er Dieu de la ren-dre pros-pè-re et heu-reu-se.

J'ai vu ce ma-tin le pe-tit Fé-lix sa-luer po-li-ment un hom-me â-gé qui pas-sait à cô-té de lui. Ce-la m'a fait plai-sir. Les en-fants doi-vent tou-jours ê-tre pleins de res-pect pour la vieil-les-se ; car Dieu a dit : « Lè-ve-toi de-vant les che-veux blancs, et ho-no-re le vieil-lard. »

Oh! fuy-ons le men-son-ge, ai-mons la vé-ri-té;
Ne soy-ons point ja-loux, em-por-tés, vo-lon-tai-res.
Pen-sons que Dieu nous voit, qu'il en-tend nos pri-è-res,
Et ser-vons-le tou-jours a-vec hu-mi-li-té.

JOURS DE LA SEMAINE.

Il y a sept jours dans u-ne se-mai-ne :

DI-MAN-CHE : c'est le jour du Sei-gneur. On ne tra-vail-le pas ce jour-là, mais on va dans la mai-son de Dieu.

LUN-DI.	JEU-DI.
MAR-DI.	VEN-DRE-DI.
MER-CRE-DI.	SA-ME-DI.

SAISONS.

Il y a qua-tre sai-sons :

LE PRIN-TEMPS : c'est la sai-son des fleurs.

L'É-TÉ : c'est la sai-son des fruits.

L'AU-TOM-NE : c'est la sai-son des ven-dan-ges.

L'HI-VER : c'est la sai-son des fri-mas.

Voy-ez ce frè-re et cet-te sœur. Ils s'a-mu-sent au-près de leur ma-man sans se dis-pu-ter. Les chats et les chiens sont tou-jours en guer-re, mais les pe-tits en-fants doi-vent vi-vre en paix, et se prê-ter vo-lon-tiers leurs jou-joux.

Fanny et son chat.

Fan-ny a un jo-li pe-tit chat blanc, qu'el-le ap-pel-le Mi-gnon. El-le lui a mis au cou un ru-ban rou-ge a-vec un gre-lot, et tous les ma-tins, el-le lui don-ne un peu de lait. Fan-ny ai-me beau-coup son chat; et le chat pa-raît aus-si ai-mer beau-coup sa jeu-ne maî-tres-se. Il joue sou-vent a-vec el-le, mais ja-mais il ne l'é-gra-ti-gne. Pour-quoi? Par-ce que Fan-ny le trai-te tou-jours a-vec dou-ceur; el-le ne le tour-men-te pas et ne lui ti-re ja-mais la queue. — Nous n'a-vons pas le droit de fai-re souf-frir les a-ni-maux. Dieu n'ai-me pas les en-fants cru-els.

Abel et son chien.

A-bel se pro-me-nait un jour a-vec son pa-pa, quand ils vi-rent de méchants gar-çons qui pour-sui-vaient à coups de pier-res un pau-vre pe-tit chien noir. Le chien s'en-fu-yait, en cri-ant de tou-tes ses for-ces; mais en-fin, il s'ar-rê-ta : u-ne gros-se pier-re lui a-vait cas-sé la jam-be! A-bel se mit à pleu-rer, et il pri-a son pè-re de lui per-met-tre d'em-por-ter le pe-tit chien, a-fin de le soi-gner. Son pè-re y con-sen-tit, et com-me il é-tait mé-de-cin, il ar-ran-gea lui-mê-me la jam-be cas-sée. Main-te-nant le pe-tit chien est gué-ri ; il suit A-bel à la pro-me-na-de et se fe-rait tu-er pour le dé-fen-dre.

Ce pe-tit chien est re-con-nais-sant ; est-ce que tous les pe-tits en-fants le sont aus-si ?

La leçon de lecture.

Viens i-ci, Mi-net : viens voir mon beau li-vre. Veux-tu que je te di-se quel est ce mot? Oh! fi donc, Mi-net, tu miau-les et tu fais le gros dos au lieu de m'é-cou-ter? Il est pour-tant si jo-li, mon li-vre! Quoi? tu miau-les en-co-re! Al-lons, pe-tit sot, je vois que tu ne sau-ras ja-mais li-re.

Eh bien, à cha-cun sa tâ-che, n'est-ce pas, Mi-net? Les chats doi-vent at-tra-per les sou-ris et les pe-tits en-fants doi-vent ap-pren-dre à li-re. Va donc fai-re ton mé-tier, mon pau-vre Mi-net : moi, je vais li-re mon jo-li li-vre.

Pri-er a-vec fer-veur,
Ap-pren-dre a-vec ar-deur,
O-béir de tout cœur,
Voi-là le se-cret du bon-heur.

La pièce de dix sous.

Un jour, la ma-man de Hen-ri, de Lu-cien et de Ro-se don-na à cha-cun de ses en-fants u-ne pe-ti-te piè-ce de dix sous. Hen-ri al-la de sui-te au ba-zar s'a-che-ter un fouet. Lu-cien cou-rut chez le con-fi-seur, et en re-vint a-vec dix bâ-tons de cho-co-lat.

— Et toi, Ro-se, que veux-tu fai-re de tes dix sous? lui dit sa mè-re.

La pe-ti-te rou-git. — Si tu le veux bien, ma-man, ré-pon-dit-el-le, je les por-te-rai à la pau-vre fem-me ma-la-de qui nous a dit que sou-vent el-le n'a pas de pain à don-ner à ses en-fants.

Pe-tit lec-teur, qui veux-tu i-mi-ter : Ro-se ou ses frè-res?

L'Enfant et la Fauvette.

L'ENFANT.

Oh! gen-til-le fau-vet-te,
Au ra-ma-ge si doux,
Ve-nez dans ma cham-bret-te,
Di-tes, le vou-lez-vous?
Un vrai bi-jou de ca-ge,
Pour mai-son vous au-rez;
Là, sans crain-dre l'o-ra-ge,
Tou-jours vous chan-te-rez.

LA FAUVETTE.

Mer-ci, gen-til-le a-mie,
Mer-ci de ta bon-té!

Si ta ca-ge est jo-lie,
Dou-ce est la li-ber-té!
Ne m'en veux pas, ma chè-re,
Mais les cieux et les bois
Mille fois je pré-fè-re
Aux pa-lais de vos rois.

L'ENFANT.

Mais pe-ti-te fau-vet-te,
De vous j'aurai grand soin ;
Dans vo-tre mai-son-net-te
Vous n'au-rez nul be-soin.
Pour vous, plus de souf-fran-ce,
Plus d'hiver, plus de faim,
Mais tou-jours a-bon-dan-ce
D'eau pu-re et de bon grain.

LA FAUVETTE.

Oh! mer-ci, dou-ce a-mie.
Dieu, qui prend soin de toi,
Dans sa grâ-ce in-fi-nie,
S'in-quiè-te aus-si de moi.
Par-tout dans la na-tu-re,
Au bois, près du ruis-seau,
Il sè-me la pâ-tu-re
Pour le pe-tit oi-seau.

Mais a-dieu, je te quit-te ;
On m'at-tend près d'i-ci ;

Re-çois, bon-ne pe-ti-te,
En-co-re un grand mer-ci!
Et puis-que mon ra-ma-ge
Il te plaît d'é-cou-ter,
Ce soir, dans le bo-ca-ge,
Pour toi, j'i-rai chan-ter.

La promenade de la Poupée.

Viens, pe-ti-te pou-pée, don-ne-moi la main. J'ai lu ma le-çon, j'ai fi-ni mon our-let; al-lons nous pro-

me-ner. Que tu es bel-le, ma pou-pée! Tu as de grands
yeux bleus, des che-veux blonds, une bou-che ro-se ,
de beaux pe-tits pieds. Vrai-ment, il ne te man-que
rien... Al-lons! mar-che un peu plus vi-te, mon bi-
jou : il ne faut pas se fai-re traî-ner par sa ma-man.

Vois ces bel-les fleurs! Veux-tu que je t'en cueil-le
u-ne?... Mais tu ne ré-ponds pas! Ah! pe-ti-te pou-pée,
je vois qu'il te man-que u-ne cho-se. Tu as des yeux,
mais tu ne vois point; u-ne bou-che, mais tu ne par-
les point; des pieds, mais tu ne mar-ches point. Pour-
quoi ce-la? Par-ce que tu n'as pas d'â-me, pau-vre
pou-pée! Les hom-mes t'ont fai-te a-vec un peu de
car-ton et de ci-re, mais ils n'ont pu te don-ner u-ne
â-me. C'est Dieu seul qui cré-e les â-mes. Moi, j'ai
u-ne â-me, par-ce que Dieu m'a fai-te. Je dois donc
vi-vre pour l'ai-mer et le ser-vir.

Le petit gourmand.

Jules est un petit garçon très-gourmand, et qui
n'aime pas à par-ta-ger les fri-an-di-ses qu'on lui
donne. Un soir, en re-ve-nant de l'é-co-le, il ren-con-
tra un ami de son père qui lui fit cadeau d'un sac de
bonbons. Jules fut bien content. Il mangea de suite
la moitié de ses bonbons; puis en rentrant à la maison,
il courut, sans que per-son-ne le vît , au grenier, et

cacha son sac dans une vieille boîte, afin de n'être pas o-bli-gé de donner des bonbons à ses frères et à sa sœur. Le len-de-main, dès qu'il fut levé, il monta au grenier pour manger le reste de ses bonbons. Mais jugez de son chagrin : le sac était vide et dé-chi-ré! De gros rats étaient entrés dans la vieille boîte et s'étaient ré-ga-lés avec les bonbons!

J'es-pè-re que cette leçon aura servi au pauvre Jules. Nous devons tous aimer à donner, et chercher à nous faire plaisir les uns aux autres.

Non, je ne veux pas être un enfant é-go-ïs-te,
Un enfant qui n'aime que soi !
Mon Dieu, de ce défaut, si fu-nes-te et si triste,
Par ton Esprit, dé-li-vre-moi.

MOIS DE L'ANNÉE.

Il y a douze mois dans l'année :

JANVIER.	MAI.	SEPTEMBRE.
FÉVRIER.	JUIN.	OCTOBRE.
MARS.	JUILLET.	NOVEMBRE.
AVRIL.	AOÛT.	DÉCEMBRE.

Jenny et son agneau.

Voyez ces enfants qui jouent avec un agneau. Cet agneau venait de naître quand on le donna à Jenny, la sœur aînée. Jenny l'a bien soigné ; elle lui a donné du bon lait et de l'herbe tendre. Main-te-nant, l'agneau est gras et fort ; il est très-privé, et quand Jenny va se pro-me-ner, il la suit en bêlant.

J'es-pè-re que le frère de Jenny et sa pe-ti-te sœur de-vien-dront en gran-dis-sant aussi doux que des agneaux.

Prière d'un petit enfant.

Oh! bon Jésus, toi qui vins sur la terre
Vivre et mourir pour un monde pécheur,
Tu fus toujours pai-si-ble et dé-bon-nai-re,
    Toujours humble de cœur!

Oh! bon Jésus, qu'à toi je sois sem-bla-ble!
Je voudrais tant avoir un cœur nouveau!
Je voudrais tant, mon Sauveur a-do-ra-ble,
    De-ve-nir ton agneau!

Oh! bon Jésus, fais-moi croître en sa-ges-se;
Remplis mon cœur d'un saint amour pour toi.
Oh! bon Jésus, tu connais ma fai-bles-se :
    Par-don-ne et soutiens-moi!

Une Parole de Jésus.

Laissez venir à moi les petits enfants, et ne
les en em-pê-chez point, car le roy-au-me de Dieu
est pour ceux qui leur res-sem-blent.

Ce qu'un enfant doit être.

Je dois être mo-des-te et sage,
Poli, do-ci-le et com-plai-sant.
Surtout je dois dès mon jeune âge
Etre pieux, o-bé-is-sant.
Du men-son-ge et de toute ruse
Je dois sans cesse avoir horreur,
Et même lorsque je m'a-mu-se
Penser que Dieu lit dans mon cœur.
De respect, d'égards, de ten-dres-se
Je dois en-tou-rer mes parents,
Les ré-jou-ir par ma sa-ges-se,
Faire leur bonheur en tout temps.
Je dois dé-si-rer de m'in-strui-re,
Bien jouer à l'heure des jeux,
Mais quand il faut ap-pren-dre à lire,
Ne jamais être pa-res-seux...
Voilà ce que je devrais faire :
Mais, hélas! je suis un pécheur!
Donne-moi donc, mon Dieu, mon Père,
Pour te servir, un nouveau cœur.

L'Enfant Jésus.

Un soir, Anna et Mau-ri-ce pri-è-rent leur maman de leur ra-con-ter une his-toi-re, et voici celle qu'elle leur ra-con-ta. — Il y avait une fois, dans un pays bien é-loi-gné du nôtre, une jeune femme ap-pe-lée Marie, à qui Dieu donna un fils. Marie était pauvre; quand son petit enfant vint au monde, elle était logée dans une é-ta-ble, et au lieu de coucher son fils dans un joli berceau bien doux et bien moelleux, elle dut l'em-mail-lot-ter et le coucher dans une crèche.

Le petit enfant reçut le nom de Jésus.

Près de la ville où il naquit il y avait des bergers qui passaient la nuit dans les champs, pour garder leurs troupeaux. Et le Seigneur leur en-voy-a un ange qui leur dit : « N'ayez point de peur. Je vous ap-por-te de bonnes nou-vel-les. Le Sauveur qui est le Christ, le Seigneur, vient de naître ! » Puis, les bergers virent beaucoup d'autres anges qui des-cen-daient du ciel et qui chantaient : « Gloire soit à Dieu au plus haut des cieux, paix sur la terre, bonne vo-lon-té en-vers les hommes ! »

Alors les bergers, quittant leurs troupeaux, al-lè-rent à la ville ; et étant entrés dans l'étable ils trou-vè-rent le nouveau-né, le doux enfant Jésus, couché dans la crèche. Et ils se pros-ter-nè-rent devant lui.

— N'est-ce pas, mes chers enfants, que ces bergers furent heureux ? a-jou-ta la maman ; et n'auriez-vous pas voulu aller avec eux vi-si-ter le saint enfant Jésus ?

— Oh oui ! maman, s'écrièrent Anna et Maurice.

Alors la maman leur dit que s'ils ne pouvaient pas voir le bon Jésus sur la terre, ils pouvaient du moins l'aimer et le servir. Elle leur dit aussi qu'il est venu pour sauver les pécheurs, qu'il est mort sur la croix par amour pour nous, qu'il est plein de ten-dres-se pour les petits enfants, et que tous ceux qui l'aiment ici-bas ha-bi-te-ront avec lui dans le ciel.

Le petit Samuel.

Le petit Sa-mu-el
de-meu-rait dans la
maison de Dieu, avec
un bon vieillard, nom-
mé Héli, qui lui en-
sei-gnait à con-naî-
tre et à servir le Sei-
gneur. Tous les ans sa
mère, qui s'ap-pe-lait
Anne, venait le voir,
et lui ap-por-tait un
habit neuf qu'elle lui
avait fait elle-même.
Comme Anne devait
être heu-reu-se de re-
voir son petit Sa-mu-el, et comme Sa-mu-el de son
côté devait se ré-jou-ir de voir sa chère maman!

Sa-mu-el était très-sage; il craignait Dieu et o-bé-is-
sait au vieux Héli.

Un soir, comme l'enfant venait de s'en-dor-mir, il
fut ré-veil-lé par une voix qui ap-pe-lait : « Sa-mu-el!
Sa-mu-el! » Il se leva aus-si-tôt, et courut vers Héli,
en lui disant : « Me voici. » Mais Héli lui ré-pon-dit :
« Je ne t'ai point ap-pe-lé, mon fils; va-t'en et couche-
toi. »

Un moment après, le jeune garçon en-ten-dit en-co-re la voix qui disait : « Sa-mu-el ! Sa-mu-el ! » Et il courut de nouveau vers Héli, qui lui dit, comme la pre-miè-re fois : « Je ne t'ai point ap-pe-lé, mon fils ; va-t'en et couche-toi. »

Mais la voix se fit en-ten-dre une troi-siè-me fois. Alors Héli comprit que Dieu ap-pe-lait Sa-mu-el ; et il lui dit de ré-pon-dre si on l'ap-pe-lait en-co-re : « Parle, Seigneur, ton ser-vi-teur é-cou-te. » Et Sa-mu-el fit ainsi. Alors Dieu parla au jeune garçon, et lui fit con-naî-tre sa vo-lon-té.

Dieu n'ap-pel-le plus les enfants de cette ma-niè-re, mais souvent ce-pen-dant il leur fait en-ten-dre sa voix.

Petit enfant, quand tu as en-vie de mal faire, n'en-tends-tu pas, dans le fond de ton cœur, comme une douce voix qui te dit : « Ar-rê-te, mon enfant ; ne fais point cela, ne commets point ce péché... »? Sais-tu quelle est cette voix ? C'est la voix de Dieu !

Et quand tu es in-dé-cis sur la con-dui-te que tu dois tenir, n'entends-tu pas cette même voix qui te dit : « Fais ce qui est bien, petit enfant, fais ce qui est bien... »? C'est en-co-re la voix de Dieu !

Mais le Seigneur nous parle surtout par le moyen de sa Pa-ro-le, de ce saint livre qu'on ap-pel-le LA BIBLE. C'est là qu'il nous dit clai-re-ment ce qu'il veut que nous fassions. Petit enfant, ef-for-ce-toi donc d'ap-pren-dre à lire cou-ram-ment, afin que tu puisses é-cou-ter la voix de Dieu dans sa Pa-ro-le ; et surtout de-man-de-lui d'é-clai-rer ton esprit, afin que tu puisses com-pren-dre cette Pa-ro-le. Que la pri-è-re du petit Sa-mu-el de-vien-ne aussi la tienne : « Parle, Seigneur, ton ser-vi-teur é-cou-te! »

Qu'à ta Pa-ro-le sainte
Oh ! mon Dieu, mon Sauveur,
Avec respect et crainte
J'ouvre toujours mon cœur !

Qu'ici-bas je te suive
Dans l'amour et la paix,
Afin qu'au ciel je vive
Avec toi pour jamais !

www.ingramcontent.com/pod-product-compliance
Lightning Source LLC
LaVergne TN
LVHW022021080426
835513LV00009B/820